Impressum
Verlag: BABADADA GmbH, Nedderfeld 112 , 22529 Hamburg
Geschäftsführer / Verlagsleitung: Harald Hof
Druck: Books on Demand GmbH, In de Tarpen 42, 22848 Norderstedt

Imprint
Publisher: BABADADA GmbH, Nedderfeld 112 , 22529 Hamburg, Germany
Managing Director / Publishing direction: Harald Hof
Print: Books on Demand GmbH, In de Tarpen 42, 22848 Norderstedt, Germany

школа

la escuela

ділити
dividir

186/2

дошка
la pizarra

класна кімната
el aula

шкільний двір
el patio

вчитель
el maestro/a

папір
el papel

писати
escribir

ручка
el bolígrafo

письмовий стіл
el escritoria

лінійка
la regla

книга
el libro

учень
el alumno/a

ранець

la cartera

пенал

la caja de lápices

олівець

el lápiz

точило

el sacapuntas

гумка

la goma de borrar

альбом для малювання

el cuaderno de dibujo

малюнок

el dibujo

пензель

el pincel

коробка фарб

la caja de pinturas

ножиці

las tijeras

клей

el pegamento

зошит

el cuaderno de ejercicios

домашнє завдання

los deberes

12

число

el número

2+2

додавати

sumar

5-2

віднімати

restar

2×2

множити

multiplicar

рахувати

calcular

A

літера

la letra

ABCDEFG HIJKLMN OPQRSTU VWXYZ

абетка

el alfabeto

hello

слово

la palabra

текст

el texto

читати

leer

крейда

la tiza

година

la lección

класний журнал

el cuaderno de notas

екзамен

el examen

диплом

el certificado

шкільна форма

el uniforme

освіта

la educación

лексикон

la enciclopedia

університет

la universidad

мікроскоп

el microscopio

карта

el mapa

кошик для паперу

la papelera

готель
el hotel

турбаза
el albergue

ROOMS

бмінний пункт
oficina de cambio de divisas

валіза
la maleta

автомобіль
el coche

EXCHANGE

Grand

мова

el idioma

так / ні

sí / no

добре

Vale

привіт

hola

перекладач

el traductor

дякую

Gracias

Скільки коштує ...?

¿cuánto es...?

Я не розумію

No entiendo

проблема

el problema

Добрий вечір!

¡Buenas tardes!

Доброго ранку!

¡Buenos días!

На добраніч!

¡Buenas noches!

До побачення

adiós

напрямок

la dirección

багаж

el equipaje

сумка

la bolsa

рюкзак

la mochila

гість

el invitado

кімната

la habitación

спальний мішок

el saco de dormir

намет

la tienda de campaña

туристична інформація

la información turística

пляж

la playa

кредитна картка

la tarjeta de crédito

сніданок

el desayuno

обід

el almuerzo

вечеря

la cena

квиток

el billete

ліфт

el ascensor

поштова марка

el sello

межа

la frontera

митниця

la aduana

посольство

la embajada

віза

la visa

паспорт

el pasaporte

літак
el avión

корабель
el barco

пожежна машина
el coche de bomberos

автобус
el autobús

вантажний автомобіль
el camión

моторний човен
la lancha a motor

велосипед
la bicicleta

автомобіль
el coche

пором

el transbordador

човен

la barca

мотоцикл

la moto

поліцейська машина

el coche de policía

гоночний автомобіль

el coche de carreras

автомобіль на прокат

el coche de alquiler

пільне користування авто

el préstamo de vehículos

евакуатор

la grúa

сміттєвоз

el camión de la basura

двигун

el motor

паливо

la gasolina

автозаправна станція

la gasolinera

дорожній знак

la señal de tráfico

рух

el tráfico

затор

el atasco

стоянка

el aparcamiento

вокзал

la estación de tren

рейки

las vías

потяг

el tren

трамвай

el tranvía

вагон

el vagón

гелікоптер

el helicóptero

аеропорт

el aeropuerto

вежа

la torre

пасажир

el pasajero

контейнер

el contenedor

коробка

la caja de cartón

візок

la carretilla

кошик

la cesta

стартувати / приземлятися

despegar / aterrizar

місто

la ciudad

село

el pueblo

центр міста

el centro de la ciudad

дім

la casa

кіно
el cine

реклама
el anuncio

вуличний ліхтар
la farola

CINEMA

вулиця
la calle

таксі
el taxi

пішохід
el peatón

кіоск
el quiosco

тротуар
la acera

пішохідний перехід
el paso de cebra

світлофор
el semáforo

сміттєве відро
el contenedor de basura

перехрестя
el cruce

хатина
la cabaña

квартира
el apartamento

вокзал
la estación de tren

ратуша
el ayuntamiento

музей
el museo

школа
la escuela

університет

la universidad

банк

el banco

лікарня

el hospital

готель

el hotel

аптека

la farmacia

офіс

la oficina

книжковий магазин

la librería

магазин

la tienda de campaña

квітковий магазин

la floristería

супермаркет

el supermercado

ринок

el mercado

універмаг

los grandes almacenes

торговець рибою

la pescadería

торговельний центр

el centro comercial

гавань

el puerto

місто - la ciudad

парк

el parque

лава

el banco

міст

el puente

сходи

las escaleras

метро

el metro

тунель

el túnel

автобусна зупинка

la parada de autobús

бар

el bar

ресторан

el restaurante

поштова скринька

el buzón

вулична табличка

el poste indicador

лічильник паркування

el parquímetro

зоопарк

el zoo

басейн

la piscina

мечеть

la mezquita

ферма

la granja

забруднення навколишнього середовища

la contaminación

кладовище

el cementerio

церква

la iglesia

дитячий майданчик

el patio de juego

храм

el templo

ландшафт
el paisaje

листок
la hoja

вказівний стовп
la señal

шлях
el camino

луг
el prado

камінь
la piedra

дерево
el árbol

мандрівник
el excursionista

річка
el río

трава
la hierba

квітка
la flor

долина

el valle

гора

la colina

озеро

el lago

ліс

el bosque

пустеля

el desierto

вулкан

el volcán

замок

el castillo

веселка

el arcoíris

гриб

el champiñón

пальма

la palmera

комар

el mosquito

муха

la mosca

мурашка

la hormiga

бджола

la abeja

павук

la araña

жук

el escarabajo

жаба

la rana

вивірка

la ardilla

їжак

el erizo

заєць

la liebre

сова

la lechuza

птах

el pájaro

лебідь

el cisne

кабан

el jabalí

олень

el ciervo

лось

el alce

гребля

la presa

вітряк

la turbina eólica

сонячний модуль

el panel solar

клімат

el clima

офіціант
el camarero

меню
el menú

стілець
la silla

суп
la sopa

піца
la pizza

столові прилади
la cubertería

скатертина
el mantel

закуска

el primer plato

друга страва

el plato principal

десерт

el postre

напої

las bebidas

їжа

la comida

пляшка

la botella

фаст-фуд

la comida rápida

вулична їжа

la comida callejera

чайник

la tetera

цукорниця

el azucarero

порція

la porción

еспресо-машина

la cafetera expreso

високий стільчик

la trona

рахунок

la cuenta

піднос

la bandeja

ніж

el cuchillo

вилка

el tenedor

ложка

la cuchara

чайна ложка

la cucharilla

серветка

la servilleta

склянка

el vaso

тарілка

el plato

тарілка для супу

el plato hondo

блюдце

el platillo

соус

la salsa

солонка

el salero

млин для перцю

el molinillo de pimienta

оцет

el vinagre

масло

el aceite

спеції

las especias

кетчуп

el ketchup

гірчиця

la mostaza

майонез

la mayonesa

пропозиція
la oferta especial

клієнт
el cliente

молочні продукти
los lácteos

фрукти
la fruta

візок для покупок
el carro de compra

м'ясний магазин

la carnicería

пекарня

la panadería

зважувати

pesar

овочі

las verduras

м'ясо

la carne

заморожені продукти

los alimentos congelados

ковбасна нарізка

los fiambres

консерви

las conservas

пральний порошок

el detergente en polvo

солодощі

los dulces

предмети домашнього побуту

productos de uso doméstico

мийний засіб

productos de limpieza

продавщиця

la vendedora

каса

la caja de cartón

касир

el cajero

список покупок

la lista de la compra

часи роботи

el horario de atención al público

гаманець

la cartera

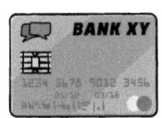

кредитна картка

la tarjeta de crédito

сумка

la bolsa de plástico

поліетиленовий пакет

la bolsa de plástico

вода

el agua

сік

el zumo

молоко

la leche

кола

la cola

вино

el vino

пиво

la cerveza

алкоголь

el alcohol

какао

el cacao

чай

el té

кава

el café

еспресо

el expreso

капучіно

el capuchino

банан

el plátano

яблуко

la manzana

апельсин

la naranja

кавун

el melón

лимон

el limón

морква

la zanahoria

часник

el ajo

бамбук

el bambú

цибуля

la cebolla

гриб

el champiñón

горішки

las avellanas

локшина

los fideos

спагеті

las espagueti

рис

el arroz

салат

la ensalada

картопля фрі

las patatas fritas

смажена картопля

las patatas fritas

піца

la pizza

гамбургер

la hamburguesa

бутерброд

el sándwich

шніцель

el filete

шинка

el jamón

салямі

le salami

ковбаса

la salchicha

курка

el pollo

печеня

el asado

риба

el pescado

вівсяні пластівці

los copos de avena

мюслі

el muesli

кукурудзяні пластівці

los copos de maíz

борошно

la harina

круасан

el cruasán

булочка

el panecillo

хліб

el pan

тостовий хліб

la tostada

печиво

las galletas

масло

la mantequilla

сир

la cuajada

пиріг

el pastel

яйце

el huevo

яєчня

el huevo frito

сир

el queso

морозиво

el helado

цукор

el azúcar

мед

la miel

мармелад

la mermelada

нуга-крем

la crema de turrón

карі

el curry

сільський будинок
la granja

комора
el granero

солом'яні тюки
el fardo de paja

поле
el campo

кінь
el caballo

причіп
el remolque

лоша
el potro

трактор
el tractor

віслюк
el burro

вівця
la oveja

ягня
el cordero

коза
la cabra

корова
la vaca

теля
el ternero

свиня
el cerdo

порося
el cerdito

бик
el toro

гусак

el ganso

качка

el pato

курча

el pollo

курка

la gallina

півень

el gallo

щур

la rata

кіт

el gato

миша

el ratón

віл

el buey

собака

el perro

собача будка

la perrera

садовий шланг

la manguera

лійка

la regadera

коса

la guadaña

плуг

el arado

серп

la hoz

мотика

la azada

вила

la horca

сокира

el hacha

тачка

la carretilla

корито

el abrevadero

бідон молока

la lechera

мішок

el saco

паркан

la valla

хлів

el establo

теплиця

el invernadero

ґрунт

el suelo

насіння

la semilla

добриво

el fertilizador

комбайн

la cosechadora

пожинати

cosechar

урожай

la cosecha

корінь ямсу

el ñame

пшениця

el trigo

соя

el soja

картопля

la patata

кукурудза

el maíz

ріпак

la semilla de colza

плодове дерево

el árbol frutal

маніок

la mandioca

злаки

las cereales

димохід
la chimenea

дах
el tejado

водостічний лоток
el canalón

вікно
la ventana

гараж
el garaje

дзвінок
el timbre

двері
la puerta

відро для сміття
el cubo de basura

поштова скринька
el buzón

сад
el jardín

вітальня
la sala

ванна кімната
el cuarto de baño

кухня
la cocina

спальня
el dormitorio

дитяча кімната
la habitación de los niños

їдальня
el comedor

підлога

el suelo

стіна

la pared

стеля

el techo

підвал

el sótano

сауна

la sauna

балкон

el balcón

тераса

la terraza

басейн

la piscina

косарка

el cortacésped

простирало

la sábana

ковдра

la colcha

ліжко

la cama

мітла

la escoba

відро

el balde

перемикач

el interruptor

шпалери
el papel pintado

малюнок
la imagen

лампа
la lámpara

поличка
el estante

шафа
el armario

камін
la chimenea

телевізор
la televisión

квітка
la flor

подушка
el cojín

ваза
el jarrón

диван
el sofá

пульт
el mando a distancia

килим

la alfombra

завіса

la cortina

стіл

la mesa

стілець

la silla

крісло-гойдалка

el mecedora

крісло

la butaca

книга

el libro

ковдра

la manta

прикраса

la decoración

дрова

la leña

фільм

la película

стереосистема

el equipo de música

ключ

la llave

газета

el periódico

картина

la pintura

плакат

el póster

радіо

la radio

блокнот

el cuaderno

пилосос

la aspiradora

кактус

el cactus

свічка

la vela

холодильник
el refrigerador

мікрохвильова піч
el microondas

кухонні ваги
la balnza de cocina

тостер
la tostadora

мийний засіб
el detergente

морозильне відділення
el congelador

піч
el horno

відро для сміття
el cubo de basura

посудомийна машина
el lavavajillas

плита

la olla a presión

горщик

la olla

чавунний горщик

la olla de hierro fundido

вок / кадай

el wok

сковорода

la cazuela

чайник

el hervidor

пароварка

la vaporera

лист

la chapa de horno

посуд

la vajilla

кухоль

la taza

чаша

el tazón

палички для їжі

los palillos

черпак

el cucharón

лопатка

la espumadera

вінчик для збивання

el batidor

сито

el colador

сито

el cedazo

терка

el rallador

ступка

el mortero

барбекю

la barbacoa

багаття

la hoguera

дошка

la tabla de picar

качалка

el rodillo

штопор

el sacacorchos

конзерва

la lata

відкривачка

el abrelatas

прихватки

el agarrador

раковина

el lavabo

щітка

el cepillo

губка

la esponja

міксер

la batidora

морозильна камера

el congelador

дитяча пляшка

el biberón

кран

el grifo

опалення
la calefacción

душ
la ducha

рушник
la toalla

душова завіса
la cortina de la ducha

пиниста ванна
el baño de espuma

ванна
la bañera

склянка
el vaso

пральна машина
la lavadora

плитка
las baldosas

кран
el grifo

горшок
el orinal

раковина
el lavabo

туалет

el inodoro

підлоговий туалет

el inodoro rústico

біде

el bidé

пісуар

el urinario

туалетний папір

el papel higiénico

щітка для туалету

la escobilla del váter

зубна щітка

el cepillo de dientes

зубна паста

la pasta de dientes

нитка для чищення зубів

el hilo dental

мити

lavar

ручний душ

la ducha de mano

інтимний душ

la ducha íntima

таз

la pila

щітка для спини

el cepillo de espalda

мило

el jabón

гель для душу

el gel de ducha

шампунь

el champú

мочалка

la toallita

водостік

el desagüe

крем

la crema

дезодорант

el desodorante

дзеркало

el espejo

косметичне дзеркало

el espejo de tocador

бритва

la maquinilla de afeitar

піна для гоління

la espuma de afeitar

лосьйон після гоління

la loción postafeitado

гребінь

el peine

щітка

el cepillo

фен

el secador

лак для волосся

la laca

косметика

el maquillaje

губна помада

el pintalabios

лак для нігтів

el pintauñas

вата

el algodón

ножиці для нігтів

el cortauñas

парфум

el perfume

косметичка

el estuche de viaje

табурет

la banqueta

ваги

la balanza

халат

el albornoz

гумові рукавички

los guantes de goma

тампон

el tampón

гігієнічні прокладки

la compresa

біотуалет

el inodoro químico

будильник
el despertador

м'яка іграшка
el peluche

іграшковий автомобіль
el coche de juguete

брязкальце
el sonajero

ляльковий будиночок
la casa de muñecas

подарунок
el regalo

повітряна кулька

el globo

ліжко

la cama

дитячий візок

el coche de niño

картярська гра

los naipes

пазл

el puzle

комікс

el tebeo

лего цеглинки

las piezas de lego

блоки

los bloques de juguete

іграшкова фігурка

la figura de acción

повзунки

el bodi (de bebé)

фризбі

el frisbee

мобіле

el colgador móvil para bebés

настільна гра

el juego de mesa

кубик

los dados

модель залізнична станція

el circuito de tren eléctrico

соска

el maniquí

вечірка

la fiesta

книжка з картинками

el álbum de fotos

м'яч

la pelota

лялька

la muñeca

грати

jugar

пісочниця

el cajón de arena

гойдалка

el columpio

іграшка

los juguetes

гральна консоль

la videoconsola

триколісний велосипед

el triciclo

плюшевий мішка

el oso de peluche

шафа

la guardarropa

ОДЯГ

la ropa

шкарпетки

los calcetines

панчохи

las medias

колготки

los leotardos

шарф
la bufanda

парасоля
el paraguas

футболка
la camiseta

ремінь
el cinturón

чоботи
las botas

домашнє взуття
las zapatillas

кросівки
las deportivas

сандалі

las sandalias

взуття

los zapatos

гумові чоботи

las botas de goma

труси

el slip

бюстгальтер

el sostén

нижня сорочка

el chaleco

одяг - la ropa

боді

el bodi

штани

los pantalones cortos

джинси

los vaqueros

спідниця

la falda

блузка

la blusa

сорочка

la camisa

пуловер

el jersey

светр

el suéter

піджак

el blazer

куртка

la chaqueta

пальто

el abrigo

дощовик

la gabardina

костюм

el traje

сукня

el vestido

весільна сукня

el vestido de novia

костюм

el traje

нічна сорочка

el camisón

піжама

el pijama

сарі

el sati

головна хустка

el bandana

чалма

el turbante

бурка

la burka

кафтан

el caftán

абая

la abaya

купальник

el traje de baño

плавки

el bañador

шорти

los pantalones cortos

тренувальний костюм

el chándal

фартух

el delantal

рукавички

los guantes

гудзик

el botón

окуляри

las gafas

браслет

el brazalete

ланцюг

el collar

кільце

el anillo

сережка

el pendiente

шапка

la gorra

плічка

la percha

капелюх

el sombrero

краватка

la corbata

застібка-блискавка

la cremallera

шолом

el casco

підтяжки

los tirantes

шкільна форма

el uniforme

уніформа

el uniforme

нагрудник

el babero

соска

el maniquí

підгузок

el pañal

офіс
la oficina

сервер
el servidor

шаф для документів
el archivo

принтер
la impresora

монітор
el monitor

папір
el papel

миша
el ratón

письмовий стіл
el escritoria

папка
la carpeta

синтезатор
el teclado

кошик для паперу
la papelera

стілець
la silla

комп'ютер
el ordenador

кавовий кухоль

la taza de café

калькулятор

la calculadora

інтернет

el internet

офіс - la oficina

ноутбук

el portátil

лист

la carta

повідомлення

el mensaje

мобільний телефон

el móvil

мережа

la red

копіювальний пристрій

la fotocopiadora

програмне забезпечення

el software

телефон

el teléfono

розетка

la toma de corriente

факс

el fax

бланк

el formulario

документ

el documento

купувати

comprar

платити

pagar

торгувати

comerciar

гроші

el dinero

долар

el dólar

євро

el euro

ієна

el yen

рубль

el rublo

франк

el franco suizo

юанів женьміньбі

el renminbi yuan

рупія

la rupia

банкомат

el cajero automático

обмінний пункт

la oficina de cambio de divisas

золото

el oro

срібло

la plata

нафта

el petróleo

енергія

la energía

ціна

el precio

контракт

el contrato

податок

el impuesto

акція

la acción

працювати

trabajar

працівник

el empleador

роботодавець

el empleador

фабрика

la fábrica

магазин

la tienda de campaña

економіка - la economía

поліцейський
el agente de policía

пожежник
el bombero

пілот
el piloto

повар
el cocinero

лікар
el médico

садівник

el jardinero

столяр

el carpintero

швачка

la costurera

суддя

el juez

хімік

el farmacéutico

актор

el actor

водій автобуса

el conductor de autobús

таксист

el taxista

рибалка

el pescador

прибиральниця

la señora de la limpieza

покрівельник

el techador

офіціант

el camarero

мисливець

el cazador

художник

el pintor

пекар

el panadero

електрик

el electricista

будівельник

el obrero

інженер

el ingeniero

забійник

el carnicero

бляхар

el fontanero

листоноша

el cartero

солдат

el soldado

архітектор

el arquitecto

касир

el cajero

флорист

el florista

перукар

el peluquero

кондуктор

el revisor

механік

el mecánico

капітан

el capitán

дантист

el dentista

вчений

el científico

рабин

el rabino

імам

el imán

монах

el monje

пастор

el sacerdote

молоток
el martillo

щипці
los alicates

викрутка
el destornillador

гайковий ключ
la llave

кишеньковий лі
la linterna

екскаватор

la excavadora

ящик для інструментів

la caja de herramientas

драбина

la escalera de mano

пилка

la sierra

цвяхи

los clavos

свердло

el taladro

ремонтувати

reparar

лопата

la pala

лайно!

¡Maldita sea!

совок

el recogedor

відро з фарбою

el bote de pintura

гвинти

los tornillos

музичні інструменти
los instrumentos musicales

ударна установка
la batería

динамік
el altavoz

контрабас
el contrabajo

труба
la trompeta

гітара
la guitarra

фортепіано

el piano

скрипка

el violín

бас

bajo

литаври

los timbales

барабан

el tambor

клавіатура

el teclado

саксофон

el saxofón

флейта

la flauta

мікрофон

el micrófono

вхід
la entrada

тигр
el tigre

клітка
la jaula

зебра
la cebra

корм
el pienso

панда
el panda

тварини

los animales

слон

el elefante

кенгуру

el canguro

носоріг

el rinoceronte

горила

el gorila

ведмідь

el oso

верблюд

el camello

страус

el avestruz

лев

el león

мавпа

el mono

фламінго

el flamingo

папуга

el loro

білий ведмідь

el oso polar

пінгвін

el pingüino

акула

el tiburón

павич

el pavo real

змія

la serpiente

крокодил

el cocodrilo

працівник зоопарку

el guardián de zoológico

тюлень

la foca

ягуар

el jaguar

поні
el poni

леопард
el leopardo

гіпопотам
el hipopótamo

жираф
la jirafa

орел
el águila

кабан
el jabalí

риба
el pescado

черепаха
la tortuga

морж
la morsa

лисиця
el zorro

газель
la gacela

зоопарк - el zoo

американський футбол
el fútbol americano

їзда на велосипеді
el ciclismo

теніс
el tenis

баскетбол
el baloncesto

плавання
la natación

бокс
el boxeo

хокей
el hockey sobre hielo

футбол
el fútbol

бадмінтон
el bádminton

легка атлетика
el atletismo

гандбол
el balonmano

лижні перегони
el esquí

поло
el polo

las actividades

сміятися
reír

стрибати
saltar

обіймати
abrazar

йти
caminar

співати
cantar

мріяти
soñar

молитися
rezar

цілувати
besar

писати
escribir

малювати
dibujar

показувати
mostrar

тиснути
empujar

давати
dar

брати
tomar

мати

tener

робити

hacer

бути

ser

стояти

estar de pie

бігати

correr

тягнути

tirar

кидати

tirar

падати

caer

лежати

yacer

очікувати

esperar

носити

llevar

сидіти

estar sentado

одягати

vestirse

спати

dormir

просипатися

despertar

дивитися

mirar

плакати

llorar

гладити

acariciar

розчісувати

peinar

розмовляти

hablar

розуміти

entender

питати

preguntar

слухати

escuchar

пити

beber

їсти

comer

прибирати

ordenar

любити

amar

варити

cocinar

їхати

conducir

літати

volar

йти під вітрилом

navegar

рахувати

calcular

читати

leer

вчитися

aprender

працювати

trabajar

одружуватися

casarse

шити

coser

чистити зуби

cepillarse los dientes

убивати

matar

курити

fumar

посилати

enviar

бабуся
la abuela

дідуся
el abuelo

батько
el padre

мати
la madre

немовля
el bebé

донька
la hija

син
el hijo

гість

el invitado

тітка

la tía

дядько

el tío

брат

el hermano

сестра

la hermana

чоло
la frente

око
el ojo

плече
el hombro

палець
el dedo

обличчя
la cara

підборіддя
la barbilla

кисть
la mano

груди
el pecho

нога
la pierna

рука
el brazo

немовля

el bebé

чоловік

el hombre

жінка

la mujer

дівчина

la chica

хлопчик

el chico

голова

la cabeza

спина

la espalda

живіт

el vientre

пуп

el ombligo

палець ноги

el dedo del pie

п'ята

el talón

кістка

el hueso

стегно

la cadera

коліно

la rodilla

лікоть

el codo

ніс

la nariz

сідниці

el trasero

шкіра

la piel

щока

la mejilla

вухо

el oído

губа

el labio

тіло - el cuerpo

рот

la boca

зуб

el diente

язик

la lengua

мозок

el cerebro

серце

el corazón

м'яз

el músculo

легені

el pulmón

печінка

el hígado

шлунок

el estómago

нирки

los riñones

статевий акт

el sexo

презерватив

el condón

яйцеклітина

el ovario

сперма

el semen

вагітність

el embarazo

менструація

la menstruación

вагіна

la vagina

пеніс

el pene

брова

la ceja

волосся

el pelo

шия

el cuello

лікарня
el hospital

машина швидкої допомоги
la ambulancia

інвалідний візок
la silla de ruedas

перелом
la fractura

лікар
el médico

відділення швидкої
медичної допомоги

la sala de urgencias

медсестра

la enfermera

аварійний випадок

la urgencia

непритомний

inconsciente

біль

el dolor

травма

la lesión

кровотеча

la hemorragia

інфаркт

el infarto

інсульт

el ictus

алергія

la alergia

кашель

la tos

лихоманка

la fiebre

грип

la gripe

пронос

la diarrea

головна біль

el dolor de cabeza

рак

el cáncer

діабет

la diabetes

хірург

el cirujano

скальпель

el bisturí

операція

la operación

КТ

TAC

рентген

los rayos x

ультразвук

el ultrasonido

маска

la mascarilla

хвороба

la enfermedad

зал очікування

la sala de espera

милиця

la muleta

пластир

la tirita

пов'язка

la venda

ін'єкція

la inyección

стетоскоп

el estetoscopio

ноші

la camilla

термометр

el termómetro

народження

el nacimiento

надмірна вага

el sobrepeso

слуховий апарат

el audífono

дезінфікуючий засіб

el desinfectante

інфекція

la infección

вірус

el virus

ВІЛ / СНІД

VIH / SIDA

медицина

la medicina

вакцинація

la vacunación

таблетки

las tabletas

протизаплідна пігулка

la pastilla

екстрений виклик

la llamada de urgencia

тонометр

el tensiómetro

хворий / здоровий

enfermo / sano

Допоможіть!

¡Socorro!

сигнал тривоги

la alarma

напад

el asalto

атака

el ataque

небезпека

el peligro

аварійний вихід

la salida de emergencia

Вогонь!

¡Fuego!

вогнегасник

el extintor de incendios

аварія

el accidente

аптечка

el botiquín de primeros auxilios

COC

SOS

поліція

la policía

Європа

Europa

Північна Америка

Norteamérica

Південна Америка

Sudamérica

Африка

África

Азія

Asia

Австралія

Australia

Атлантика

el atlántico

Тихий океан

el Pacífico

Індійський океан

el Océano Índico

Антарктичний океан

el Océano Antártico

Північний Льодовитий
океан

el Océano Ártico

Північний полюс

el polo norte

Південний полюс

el polo sur

Антарктика

La Antártida

Земля

la tierra

суша

la tierra

море

el mar

острів

la isla

нація

la nación

держава

el estado

циферблат

la esfera

годинникова стрілка

la manecilla de las horas

хвилинна стрілка

el minutero

секундна стрілка

el segundero

Котра година?

¿Qué hora es?

день

el día

час

el tiempo

зараз

ahora

цифровий годинник

el reloj digital

хвилина

el minuto

година

la hora

la semana

Понеділок — lunes
Середа — miércoles
П'ятниця — viernes
Вівторок — martes
Четвер — jueves
Субота — sábado
Неділя — domingo

вчора

ayer

сьогодні

hoy

завтра

mañana

ранок

la mañana

опівдні

el mediodía

вечір

la tarde

робочі дні

los días laborables

кінець робочого тижня

el fin de semana

дощ
la lluvia

веселка
el arcoíris

сніг
la nieve

вітер
el viento

весна
la primavera

осінь
el otoño

літо
el verano

зима
el invierno

прогноз погоди
el pronóstico del tiempo

термометр
el termómetro

сонячне світло
el sol

хмара
la nube

туман
la niebla

вологість повітря
la humedad

блискавка

el rayo

грім

el trueno

шторм

la tormenta

град

el granizo

мусон

el monzón

повінь

la inundación

лід

el hielo

Січень

enero

Лютий

febrero

Березень

marzo

Квітень

abril

Травень

mayo

Червень

junio

Липень

julio

Серпень

agosto

Вересень

septiembre

Жовтень

octubre

Листопад

noviembre

Грудень

diciembre

форми
las formas

круг

el círculo

квадрат

el cuadrado

прямокутник

el rectángulo

трикутник

el triángulo

куля

la esfera

куб

el cubo

білий

blanco

жовтий

amarillo

помаранчевий

anaranjado

рожевий

rosa

червоний

rojo

фіолетовий

morado

синій

azul

зелений

verde

коричневий

marrón

сірий

gris

чорний

negro

багато / мало

mucho / poco

лютий / мирний

enojado / tranquilo

гарний / бридкий

bonito / feo

початок / кінець

principio / fin

великий / малий

grande / pequeño

світлий / темний

claro / oscuro

брат / сестра

el hermano / la hermana

чистий / брудний

limpio / sucio

завершений /
незавершений
completo / incompleto

день / ніч

el día / la noche

мертвий / живий

muerto / vivo

широкий / вузький

ancho / estrecho

їстівний / неїстівний

comestible / no comestible

злий / дружній

malo / amable

збуджений / нудьгуючий

entusiasmado / aburrido

товстий / тонкий

gordo / delgado

спочатку / востаннє

primero / último

друг / ворог

el amigo / el enemigo

повний / порожній

lleno / vacío

жорсткий / м'який

duro / blando

важкий / легкий

pesado / ligero

голод / спрага

el hambre / la sed

хворий / здоровий

enfermo / sano

незаконний / законний

ilegal / legal

розумний / дурний

inteligente / tonto

вліво / вправо

izquierda / derecha

поруч / далеко

cerca / lejos

новий / використаний

nuevo / usado

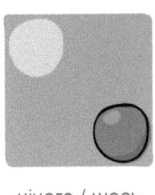

нічого / щось

nada / algo

старий / молодий

viejo / joven

вкл / викл

encendido / apagado

відкрито / закрито

abierto / cerrado

тихо / гучно

silencioso / ruidoso

багатий / бідний

rico / pobre

правильно / неправильно

correcto / incorrecto

шорсткий / гладкий

áspero / suave

сумний / щасливий

triste / contento

короткий / довгий

corto / largo

повільно / швидко

lento / rápido

вологий / сухий

húmedo / seco

гарячий / холодний

cálido / frío

війна / мир

guerra / paz

0

нуль

cero

1

один

uno

2

два

dos

3

три

tres

4

чотири

cuatro

5

п'ять

cinco

6

шість

seis

7

сім

siete

8

вісім

ocho

9

дев'ять

nueve

10

десять

diez

11

одинадцять

once

12

дванадцять

doce

13

тринадцять

trece

14

чотирнадцять

catorce

15

п'ятнадцять

quince

16

шістнадцять

dieciséis

17

сімнадцять

diecisiete

18

вісімнадцять

dieciocho

19

дев'ятнадцять

diecinueve

20

двадцять

veinte

100

сто

cien

1.000

тисяча

mil

1.000.000

мільйон

el millón

англійська

el inglés

американська англійська

el inglés americano

китайська
високочиновницька

el chino madarín

хінді

el hindi

іспанська

el español

французька

el francés

арабська

el árabe

російська

el ruso

португальська

el portugués

бенгальська

el bengalí

німецька

el alemán

японська

el japonés

я

yo

ти

tú

він / вона / воно

él / ella / ello

ми

nosotros/as

ви

vosotros/as

вони

ellos/as

хто?

¿quién?

що?

¿qué?

як?

¿cómo?

де?

¿dónde?

коли?

¿cuándo?

ім'я

el nombre

ззаду

detrás

в

en

перед

delante de

над

por encima de

на

sobre

під

debajo de

біля

junto a

між

entre

місце

el lugar